JN419420

교단의 길 굽이굽이

제8시조집

교단의 길 굽이굽이

박부산 지음

좋은땅

시인의 말

시보다 시조를 사랑하는 것은
고유한 전통의 맥을 잇기 위해
벼랑 끝
산도라지 근성 몸부림 거듭나다

'교단의 길 굽이굽이'
사설시조 울 안으로,
공적 부추기보다 고충 덜고 싶은 심정
힘겨운 교단 아슬아슬 올라가기 어렵다

복잡다단한 세상 시조 또한 난해하면
틈새 벌어질세라 부담 없이 나누는 정
국민의
시조로 우뚝, 천 년 향기 영원히

2025년 가을
奉鎭 박부산

차례

제1부. 행복 이어 가기

제2부. 올바른 길

제3부. 무르익은 동심

제4부. 빛 잃은 지난날

제5부. 교단을 오르며

행복 이어 가기

신 · 구세대 습관

기성세대가 신세대 얕보는 나쁜 인상
버르장머리 없다
아주 약삭빠르다
세대차, 시대가 주는 다변화 유행바람

신세대가 구세대 흠잡아 보는 견해
너무 고지식하다
연고주의 꼰대
곱씹어 보는 신조어, 어른들은 몰라요

자신을 다 드러내는,
자신을 다 감추려는
자율과 규칙을 고수하기보다
성숙한 인생은 상생, 미래 세대를 위해

가족 문화

예전은 대식구 결속력 핵가족화
대부분 3대가 마음을 더하여
혈연의 연결 의지로 깊이 뿌리내리고
생명과 전통의 맥 이어 갔는데
시나브로 분가하여 버팀목 흔들흔들,
다행히 자신감 넘치는 단출한 새 가정으로

인생의 동반자와 자나깨나 고락 함께
인내와 화해로 배려하고 지지하며
안정감 찾은 가족문화 사랑의 꽃 만발하다

행복 이어 가기

행복,
복덩이,
이득,
득의양양,
양지로

꼬리 잇다 보면 푹 빠지는 만족감

행복을 누릴 수 있도록 양지부터 찾다

참 좋은 날

*설날

자녀 내외, 손주 함께 설날 아침 큰절 받고
덕담 한마디씩 정성 담아 세뱃돈도
훈훈한 정 주고받다 물러서는 영하 날씨

*꽃편지

화기애애한 봄날 지인에게 보내는
백합꽃 활짝 핀 이런저런 희소식
꽃송이 대충 스케치, 나비 한 쌍 나래 펴다

*시집 상재

졸작 민망해도 햇빛 보면 기분 최고
원컨대 뿌린 씨앗 좋은 땅 터 잡도록,
정녕코 남부럽지 않다 시집 함께 있으면

교단의 길 굽이굽이

피갈회옥被褐懷玉[1]

친필로 정성 담은 지인의 선물
공들인 뜻 받들어 주야로 익히는
긴 세월 집안의 가훈
참으로 대견하다

나이 거듭 쌓일수록 흔들리는 중심
한 서린 불만 대신 옥을 품기 위해
시 한 수 사자성어로 액운 막는
피갈회옥

피보다 강한 정
갈증을 촉촉이,
회오리 막아서며
옥구슬 빚었나니

마음속 빛나는 샛별, 떳떳한 삶이여

---

1 겉에는 거친 베옷을 입었으나 속에는 옥을 품음.

마음과 마음

무심無心하게 지낼수록 바람결 흔들리듯
걷잡을 수 없는 방심放心은 수렁으로,
탐심貪心은
위험천만하다 남은 것은 한심寒心뿐

진심眞心은 참된 마음 착하디착한 선심善心
찔림 없는 양심良心 당연히 떳떳하고,
일마다
조심操心하면 안심安心 비로소 중심中心 잡다

교단의 길 굽이굽이

손금 알아보기

거미줄처럼 번진 손바닥 잔무늬
길고 짧은, 굵고 여린 행운의 선과 선
모처럼
심심풀이 삼아 보는 손금 궁금하다

재물선,
생명선 은근히 호기심
복 쪼가리 없이 곳간은 텅 빈 채로
수명은 운 좋게 대물림 한고비 넘어서고

칠판 글씨 넘쳐 지문 없는 엄지 손
자동 민원서류 무료 발급 중지 당해
교단의
인생살이 인증, 액땜한 것일까

자음 모음

따로따로
떨어지면 실제 무용지물
끼리끼리 어우러져 제 값 드러낸다

음양의
원리에 따라 조화로운 질서

자음 앞장서고 모음 뒤치다꺼리
좌·우·상·하
골고루 원만하다

자모음
생존 철칙으로 공동체 연대의 힘

명심보감明心寶鑑

나이가 많은 만큼 필요한 자기 성찰
효행편,
성심편 기본 덕목 깨닫도록

성현의
양서 익힐수록 처세술 능란하다

읽고,
또 읽으며 나를 일깨우는
마음속 지혜로운 지침 촛불처럼

명심은
삶의 길잡이, 보감은 지킴이

산의 품위

산이
높은 것은 하늘이 높기 때문,

산이
무거운 것은 세상을 품은 탓

산줄기
길게 이어짐은 이웃과 교감을

교단의 길 굽이굽이

우리 가락, 멋

푸른 대숲 바람길은 민요의 전당으로

능수버들 감치듯 오밀조밀 서린 정한情恨

유난히 간드러지다
대금소리 처량히

낙차 큰 폭포수 판소리 늘어지게

휘모리 우렁우렁 한결같이 구성지다

춘향가
장단 맞추어 신명 나게 춤사위

사랑해

*행복한 봄날

봄날 좋은 인연으로 흔쾌히 만난 연인
갓바우 자락길 영산홍꽃[1] 울긋불긋,
광한루 청홍사 수놓다 사랑의 청사진

*정다운 호칭

아내 부르는 호칭 어쩐지 쑥스러워
여태껏 크게 여보, 불러 본 적 없는데
마음속 자리 잡은 그대, 천만번 불러 보는

*좋아하는 꽃

공원에서 만난 가지각색 봄꽃 중
부부가 좋아하는 반가운 금낭화
'당신을 따르겠습니다' 꽃말처럼 고분고분

---

1 꽃말 첫사랑.

생각나는 사람

아픔을 감싸 주고 즐거움 베푸는
보고 싶은 얼굴, 만나고 싶은 얼굴
그리움
활활 지피다 불씨 사그라지기 전

문득 생각나는 소꿉놀이 단짝동무
철들며 연줄 끊겨 행방 알 수 없는,
꽃팔찌
주고받은 기억 동화 속 이야기

또래또래 어울리는 사춘기 때 친구
다달이 만날수록 부담 없이 즐겁다
나 역시
자리매김할까 생각나는 사람으로

산사의 겨울

눈 덮인 고요 속에
목탁소리,
독경소리

추녀 끝 바람 잡는 풍경소리 초연히

한겨울 복음 베풀어
몸도,
마음도 따습다

새해, 새출발

호미곶[1] 아니라도
국사봉[2] 품에 안겨
잿빛 구름 짓누르고 을사년 해맞이

힘차게
해야 솟아라,[3]
고운 해야 솟아라

지난날 시끌벅적한 실랑이 떨쳐 내고
손에
손을 잡고 기운차게 새 출발

소망은
가화만사성家和萬事成,
정직을 신념으로

---

1 경북 포항시 남구 소재.
2 서울시 관악구와 동작구 소재.
3 박두진 시.

화답 시

새해 선물 받은 민조시집 반갑다
'시편이
사랑되어
그대 가슴에
꽃으로 피소서'
뛰어난 '조선의 숨결'[1] 내 가슴에 꽃으로

'꽃 중에
진달래꽃[2]
마음씨 착한
나의 여인이여'
그리움 참지 못해 사모의 정 노래
속 깊은 시조와 민조시 한통속 품 안으로

---

1 '김영진 민조시집'.
2 졸작 진달래꽃 민조시.

머릿돌

오랜 세월 변함없이
아름다운 맵시 담은
건축물의 준공석. 역사 기록 표지석

정당한
대의명분 살린
안내표 의미 깊다

다양한 색상과 디자인 멋진 조화
머릿돌 글씨 정초定礎
명필가 솜씨답다

고전과
현대 건축미
아울러 한눈으로

전통 음식 별미

밥상 입맛 당기는 먹거리
보글보글,
옛 식감 그대로 구수한 청국장

마음도,
배도 흡족하다
지르르 촌티 나도

첫눈 맞이

첫눈 내리는 날 학교 운동장 축제
아이들 환호성,
똘똘 뭉쳐 힘 자랑
해맑은 동심의 세상 천진난만해서 좋다

덕수궁 돌담길을 산책하는 젊은 남녀
머리와
어깨 위로 수북이 눈 내려앉아
이야기꽃 피어나다 따뜻한 사랑이여

노인들의 쉼터 탑골 공원 골목길은
종일
대만원인데 첫눈 내려 파장
저마다 못마땅하여 하늘을 원망하다

소철蘇鐵의 끈기

양파만 할 때 만난 인연 오십여 년
시들시들 말랐다가 생기 왕성하다

소철은
못질해도 산다
살아 있는 화석나무

수억 년 숨결 이은 지구의 첫 나무
가지 없이 원줄기만 보란 듯이 꿋꿋이,

행운을
불러오는 꽃,
한 번만 보았으면

해바라기 가족

한자리 빼곡히 알알이 영글어
환하게
기쁨 주는 강한 의지 당당하다

뙤약볕
우러러보며
자수성가 열망하는

의좋은
대가족 오붓한 정 오순도순
희망의 빛 밝혀 주는 화합의 메시지

힘들 때
뭉치면 산다
상부상조 본보기

상부상조

직장의 일 급해 앞가림하다 보면
아내의
막중한 일 지나치듯 소홀히,

퇴직 후
허드렛일부터
찾아서 도와주다

크고
작은 짐 떠나 모두 보살펴 주도록
현장 체험학습 아침 일찍 일어나기

서둘러
돌봄 품앗이
부랴부랴 바쁘다

인생 명언

튼튼한 인간관계 지켜 주는
명언 중

'기회는 스스로 만드는 것이다'[1]

자신의
행동은 나침판 방향감각 암시하는

진심이 담겨 있는 좋은 인생
가르침 중

'용서는 나 자신을 위한 선물이다'[2]

꽃처럼
아름다운 선심善心 베풀수록 복 받다

---

1 크리스 가드너.
2 마야 안젤루.

진안고원 명승지

*마이산

초등학교 미술시간 그리기 단골 소재
봄·가을 소풍 장소 일순위 점찍다
부부봉, 평생 한마음 죽도록 사랑하는

*용담댐

가도 가도 별천지 빼어난 경관 취해
청정수 생명수로 흠뻑 목 축이고
청룡의 기운 치솟아 굽이굽이 맴돌다

*구봉산

출렁다리 건너 암벽 타기 아슬아슬,
이윽고 주봉 올라 명산 품에 안다
나란히 의좋게 사는 너그러움 본받고자

전통 혼례

그대와
결혼식을 다시 갖게 된다면
서양식 결혼보다 우리 전통 혼례를,

따뜻한 정
무르익는
한 쌍의 원앙처럼

복식과
절차가 여간 까다로워도
예법을 준수하여 솔선수범 행동으로,

전날 밤
'함을 사세요—'
반가워 함 값 톡톡히

살기 좋은 아파트

오밀조밀 모여 사는 대단지 아파트촌
두드러진 첫인상 호감 사로잡아
키 세워
품위 과시하듯 제법 위풍당당하다

고상한 척 선보여도 헷갈리는 낯선 얼굴
아크로, 베르디움,
데시앙, 파크자이
외래어 서먹서먹하여 눈도장 지우다

끈끈한 정 무르익어 가족처럼 착한 이웃
해오름, 하늘채,
꿈에그린, 푸르지오
한없이 포근한 고유어 송두리째 품 안으로

공간은
마음의 쉼터
행복을 이어가는

- 무제 1

제2부

올바른 길

가계부

수입은
다달이 고작 연금뿐인데
지출은 줄줄이 태반 병원비로,

생활비
절약하는 길은
쉼터 머물 수밖에

해넘이 맥 이어
신구 이어받다
적자 지출 대신 흑자 수익으로

눈으로 보는
은행 통장
상행선 줄다리기

어른이 된다는 것은

청소년의 노래 가사
'어른이 되고 싶어요'

설레는
마음으로 성인의 꿈을 꾸는

지순한 눈빛을 보면
소싯적 생각난다

어른을 존경했는데
어른답지 못한 처지

선뜻
겸손하지 못해 부끄러운 심정

참다운 성인의 인격
세월이 증명한다

약자 동행

약자는 사랑으로,
자선慈善은 믿음으로
동행은 변함없이,
행복은 늘 가까이

한마음
아름다운 세상
오늘도,
내일도

나 혼자만의 여유

사소한 일 피해 나만의 여유 갖고
서달산[1] 둘레길 산책을 즐기다
울창한 청솔 따라가면
샘물처럼 솟는 정기

노량진 수산시장 이따금 고개 기웃,
살아 있는 바다 한꺼번에 만나다
그리움 파도치는 인연
양남[2], 고흥 통째로

주변의 도서관을 무시로 접수하다
숨 막히는 경쟁 속에 늦게나마 몰입하는,
정보화
세상 소식 묻혀 새로운 나를 발견

---

1 서울시 동작구 소재.
2 경북 경주시 양남면.

우리는 한마음

호수공원[1] 안내하는 다복솔 한 그루
가까이 다가가면 대가족 환호하듯
유난히 나무 밑동이 수십 개 놀랍다

무리 지어 있어도 전혀 흔들림 없이
뜨거운 한 핏줄 변함없이 정 나눈다
늘 푸른 화목한 분위기 찬바람 비껴가는

부천식물원 울 안 색다른 나무 많은데
호수 둘레길 지키는 소나무 믿음직,
힘 모아 꿋꿋이 사는 길 넌지시 일깨운다

---

1 부천시 원미구 소재.

한가위 보름달

둥두렷이 나타난
복순이
고운 얼굴

멋진 한복 입고 사뿐사뿐 나들이

날벼락
흐린 날 어쩌나,
애타게 기다렸는데

교단의 길 굽이굽이

침묵은 금이다

시끌시끌한 세상 헛말은 내려놓고
묵직한 청산처럼 침묵을 챙긴 뒤

보다 더
낮은 자세로
기다림 실속 있다

입을 닫은 동안 지혜를 깨달아
부질없는 실수 대신 완벽한 처신

묵묵히 지내다 보면
과연
'침묵은 금이다'

도서관에서

젊은 날 무시로 드나들던 도서관
나이 들어도 출입 평생교육 이어 가기
책 속의 길 초석 되어 마음 뿌듯하다

보배로운 도서관 수십만 권 장서 중
읽은 책 조족지혈 여태껏 까막눈
열심히 배워야 산다 두 눈 똑바로 뜨고

나를 찾아 나선 배움의 쉼터에서
하루를 소중하게 좋은 책과 인연 맺다
원컨대,
7권의 내 시집 한쪽 자리 잡았으면

교단의 길 굽이굽이

허수아비에게

착하디착한
농부
황금 벌판 지킴이

짓궂은 참새한테 해코지 당하는,

더 이상
허수아비로
살아서는 안 된다

엇비슷한 말

오가는 한마디 말 긴가민가 얼떨결,
순수한 고유어 갑자기 아리송하다
곰곰이 맥 짚어 보면 어원은 한 줄기

허무맹랑한 말 중 어처구니, 뜬금없다
또한 터무니없다, 엇비슷한 처지 비유
속뜻은 어이가 없다 엉뚱할 때 빗대는

실속 없이 엄벙덤벙, 어영부영 지내며
어물어물하는 척 자꾸 주춤거리는데
일마다 얼렁뚱땅하는 꼬락서니 얄밉다

여유로운 멋

장수와 단명은 팔자소관 운명
건강 관리 따라 높낮이 좌우한다

정상과
비정상으로
삶의 질 판가름

좋은 음악과 함께 명작 시 감상은
마른 두뇌 촉촉히 예술의 경지로,

늘그막
여유로운 멋
즐길수록 젊어진다

카드 인생

많을수록 부富티 과시하는 카드

손지갑 얄팍하여 가끔은 부끄럽다

단 두 장 어쩔 수 없이 빌붙어 사는 처지

경로 우대 교통 카드 무조건 부담 없이,
함부로 열지 못하는 무거운 은행 카드는
은근히 호주머니 형편 보살피는 보증인

신용보증

남을 위한 배려는 신중히 생각을,
무엇보다 보증은 패가망신 걸림돌

갈수록
불안불안하여
발 뻗고 잘 수 없다

엄중한 경고처럼 자손에게 당부
빚보증 고생살이 천추유한 명심

가정의
화목을 위해서
철석같은 각오로

모두 골고루

도심 4차선 도로
직진 차량 만원이다

차 종류 가지가지,

운전사 각계각층,

행선지 다방면으로

공통점은 골고루

교단의 길 굽이굽이

한가로운 일상

아파트 승강기 피해 계단 올라가기
매일 운동 삼아 단숨에 가뿐히,
무더위
진땀 쏟은 만큼 기분 통쾌하다

통 찾는 이 없는 아파트 철봉대
줄 지어 선 모습 너무 처량해 보여
턱걸이, 차오르기, 대차
시선 집중 쑥스럽다

승용차 폐차 후 홀가분한 마음
운전 신경 쓸 것 없이 발걸음 가붓하다
늦은 밤
비좁은 주차장 너그러이 선심 쓰고

나이와 나이

사람은
태어나면 나이부터 덤으로
세월 잇는 명맥 숨 멎을 때까지

살아온
햇수 명줄 길다
나이, 연령, 연세, 춘추

아이와
노인 사이 생의 무게 반비례
장수하다 보면 아이 아닌 아이

나이티
자연스럽게,
겸손하게 살아가기

올바른 길

약삭빠른 사람
가까운 지름길로,
벼락 출세 위한 성급한 성취 의욕

운 좋게
행운을 만나도 앞질러 가 설익다

반나마
접고 가는 길 아예 외면하고
멀리 군자대로행 앞만 보고 똑바로,

자존심
길어진 만큼 한갓지게 자유롭다

봄날 시화전[1]

시와 그림 함께 봄꽃 축제 한마당

나름대로 정 베풀어 삶의 향기 그윽하다

협주곡,
사랑의 노래
가슴 깊이 스며드는

---

1 동작 문인협회.

산으로, 강으로

널리
회자되는 아름다운
요산요수樂山樂水
인자仁者도 아닌데 산수를 좋아하여
선천적
인간 본성으로 자연을 즐겨 찾다

청산록수
더불어 전국을 누비며
산처럼
우람하고 강처럼 심오한
됨됨이 본받고 싶다
오늘도 강산으로

처음과 끝

숨결 잇는 처음과 끝 성장의 기틀이다
서로 일심동체 배턴 이어받기
올바른 성공의 길은 중단 없는 도전뿐

오늘 하루 충실히 일하며 사는 일은
일 년을 하루같이 평생을 사는 일
새로운 처음이 있으면 뒤따라 끝도 있다

'시작이 반이다'
'다 가도 문턱 못 넘다'
일의 가치 입증하는 교훈적인 금언처럼
인생은 시작과 더불어 마무리가 좌우한다

섬, 무인도

바다가 낳은 섬,

사생아 먼 바위섬

거센 파도
앙버티며
징검다리 놓다

외로운
세월 다스리며
기다리는 발길이여

카카오톡 가까이

간편하고
재빠르게 세상 사람과 연락
불철주야 오가는 흥미로운 새 소식

다양한
서비스 제공
다 같이 공유하다

유튜브 동영상 경이감 북돋우고
알림방
채팅 통해 서로 나누는 인사

사기와
피싱 범죄 난무
함정 엿보고 있다

로컬푸드 결실

인증 믿고 거래하는 농산물
직거래장
독자적 먹거리 농촌 경제 살리는,

원산지
풍요로운 향기 대도시 파고들다

신속하고 편리한 삶의 현장 알뜰살뜰,
착한 가격
마음 끌어 머물수록 흡족하다

혁신과
활성화만이 성장의 지름길

무창포[1]

연죽교
건너면 돌밭 길 닭벼슬섬
뾰족뾰족 갓처럼 어찌 보면 톱니 모양

만조 시
머리만 남아 끝까지 지킴이

맞은편
석대도 착실한 문지기로
신비로운 바닷길 현장 체험 길잡이,

수평선
노을 품에 안아 세월을 수놓다

---

1 충남 보령시 웅천읍 소재.

자리바꿈

성급한 보일러 느긋하지 못하고

온기 왔다갔다 생색만 내는데

과소비
한숨 쌓일세라 씀씀이 아끼다

비가 올 듯 흐린 날 신경통 삭신 쑤셔

땀 흘리며 취한하던 구들장 잊지 못해

아랫목
뜨끈뜨끈한 곳 자리바꿈 간절하다

제3부

무르익은 동심

호박꽃 사연

지천으로 흔해 빠져 소외받고 살아도
자투리땅
험지 찾아 옹골차게 넌출넌출,

이웃집
울타리 넘어
끈끈한 정 무더기로

호박꽃도 꽃인데 못난이 푸대접을
투박한
생김새 촌스러우면 어떠랴

애틋한
사연 다독이는
늙은 호박 미덥다

삶의 연륜

*일기장

반세기 삶의 현장 한자리 맞선보다
맑은 날은 울긋불긋, 흐린 날은 변색 심해
나머지 자투리 공간 그야 즉흥시로

*동백 분재

분재로 분가한 지 60여 년 수난기
연분홍꽃 서너 송이 느지막이 봄맞이
해묵어 시름시름하다 경로 우대할 수밖에

*조약돌

애초 울퉁불퉁한데 온통 매끈매끈하다
다듬어 이은 세월 영롱한 청옥처럼,
반가워 어루만질수록 정감 둥그스름히

무르익은 동심

칠순 할아버지는 열 살배기 손자에게
밤잠을 설치며 구수한 옛이야기
화롯불 군밤과 함께 사이좋게 정 나눈다

반절 접고 두는 장기 그저 승패 떠나
새로운 힘 북돋아 준 삶의 지침 전술
초나라, 한나라 역사 가슴에 새긴다

이웃 마을 눈길 누벼 토종꿀 따는 날
달콤한 이야기 시간 가는 줄 모르고
정답게 손잡고 가는 길 발자국 나란히

시월 시향제 때 선조 대代 행적 밝혀
충효정신 일깨우고 수신제가 부연敷衍
산 교훈 어찌 잊으랴 어린 마음 철들다

곰방대

내 팔뚝보다 훨씬 긴 할아버지의 담뱃대

뻐끔뻐끔,
몽실몽실
연기 품어 숨결 잇다

어릴 적
호기심 사무쳐
숫제 시늉 내는 척

못 잊어, 동창 친구

졸업식 흑백사진 오랜만에 펼치면
내 모습 긴가민가 감회가 새롭다
못 잊어
초등학교 때 철부지 웃음부터

깨복쟁이 천진난만 선뜻 선심 쓰고
천하무적 개구쟁이 다부지게 앞장서는
동창생
이름 불러 본다 더러는 아물아물

일찍이 고향 떠나 친구 감감무소식
풍문에 떠도는 근황 사라지기 전
언제나
만날 수 있을까 어깨동무 친구여

둥구나무 카페

한더위 피하고자 도심 카페 찾아가면
마음
사로잡는 시골 정자 느티나무

시원한 바람 대기 중,
피서 십상이다

마을 지킴이 모여 따뜻한 정 나누고
바둑 한 수,
술 한 잔 신선 진배없는

안식처
고향 못 잊어 단숨에 달려간다

반딧불이 축제

반딧불이 보고 싶어 청정지역 찾아가
무주 구천동에서 지난날 생태 체험

어릴 적 숨바꼭질하다
개똥벌레 노래하고

여름밤 반짝반짝 무리 지어 나들이
흠뻑 취한 무도회 멋과 흥 사로잡아

태평한
세월 꿈꾸듯 세상만사 다 잊다

도심, 산머루

대도시
빌딩 옥상
가슴이 뭉클하다

산머루 주렁주렁
심산유곡 정취
흠뻑,

대번에
무르익는 동심
청산에서 살리라

대나무 돗자리

대나무를 얇게,
잘게 엮어 만든 깔개

천 년 풍겨오는 향,
그 촉감 예스럽다

상쾌한 자연인의 멋
신선처럼 여름나기

후줄근히 젖은 땀 시원하게 씻어 주는
빼곡한 청죽 찾아 한가로이 삼림욕
모처럼 꿈길 나들이 대숲 소리 엿듣다

가지치기

봄이면 사방으로 가지 뻗는 사과나무

사람은 부지런히 싹둑싹둑 가지치기

풍성한
수확을 위해 치열하게 땀 흘린다

가지가 많을수록 실속 없이 마무리

생존의 가치는 양보다 질 우선이다

해마다
여윈 몸으로 신음하는 나무여

개구리 우는 밤

대도시 변두리 조그만 연못에서
초여름 밤 밤새도록 개구리 울음소리
나 홀로
소야곡 감상 고향 생각 간절하다

같이 거주하는 죽마고우 신경전
하숙집 인정 많아 떠나지 못하고
고교를
졸업할 때까지 옥신각신 투정을

예민한 동창생은 재무 설계사로,
지나치게 감상적인 나는 가난한 시인
미래를
점지한 개구리 이제 보니 신통하다

낙서 취미

메모지와
볼펜 꾸적꾸적 따라붙다
잠 못 이루는 긴 밤
또한 심심할 때
무심결
떠오르는 생각
끄적끄적 꼬리 잇기

잠시
외출할 때도
좋은 착상 놓칠세라
주변을 살피며 파고드는 관심사
때마침
풍년맞이 결실
사랑의 시詩 영글다

잔소리, 머퉁이[1]

예리한 화살처럼 쏟아지는 면박 대신
잘못을 꾸짖는 말 새겨들어 바른길로,
잔소리
위엄과 아량을 보여 주는 훈육이다

교단에 있을 때 수많은 학생에게
타이른 적 많은데 진정 마음 울렸을까
오히려
불평불만 쌓여 머퉁이 반감을

말썽 많은 문제아 체벌보다 선도하는
칭찬 못지않은 듣기 좋은 꾸지람
엄중한
한마디 충고, 아픔 뒤에 웃음 온다

---

1 꾸지람, 핀잔 방언.

자존심 차이

사람은 성장하며
자존심을 키운다

너그러이 겸손하고
대쪽같이 고집불통

자존심 높낮이 따라
달라지는 선입견

이도 저도 아닌
어정쩡한 성격보다

자신을 낮추고
남을 높이 세워 주는

현명한 인격자의 길
감사와 실천으로

살아가는 의미

살기 위해
밥을 먹다
밥을 먹기 위해 산다

속된 말 곱씹어도
글쎄,
두리뭉실

기어코
백 세까지 살고
생각해 볼 일이다

정신수양

*예의범절

평상시 주고받는 따뜻한 인사말
고¹, 미², 안³, 실⁴
친절하여 열리는 마음이여
자고로 동방예의지국 잃어 버린 명예 찾다

*나이 들며

나이 들며 모름지기 배워야 하는 도덕경道德經⁵
예도禮道, 행도行道 마음가짐 각별히 신중하게
끝으로 기도棄道, 마음속 갖고 있는 것 버리기

---

1 고맙습니다.
2 미안합니다.
3 안녕하십니까.
4 실례합니다.
5 중국 노자의 경전.

귀퉁이에서

남들이 싫어하는
모퉁이 빈자리는
맡아 놓고 내 차지
조용하여 참 좋다
차림새
초라한 모습
신경 쓸 것 없고

삶의 추억 휘돌아
아쉬움이 서린 곳
구부러진 모서리
바로잡지 못해도
틈틈이
머물다 보면
간혹 볕 들 때도 있다

소나무 중에 소나무

부채 모양 펑퍼지고 작달막한
황금송
좋은 곳 자리 잡은 다복한 정원수
원산지 일본산 탓인가 어쩐지 서먹하다

끈질기게 장수하는 적갈색 멋진
육송
비탈진 곳 바위 틈새 전혀 가리지 않는,
한옥과 어울리는 조경 사철 돋보인다

하늘 향해 치솟은 훤칠한
금강송
높고 푸른 절조 독야청청 굳건하다
토박이 소나무 우뚝, 늠름한 기상이여

과일 시장

먹음직한 과일들이 전통시장 가지런히

신선도 내세우며 가지각색 맛자랑

품평회
전시장처럼 국적 떠나 볼 만하다

크고 작은 자태로 영양가 판가름

특이한 수입종 달콤하게 유혹한들

차례상
재래종부터 우선 순위 골라잡다

봄맞이

다가서면 더 멀리 손짓하는 아지랑이

더 높이,
아스라이
노고지리[1] 노래하고

봄맞이
보릿고개 시절
잡힐 듯 멀고 멀다

---

1 종다리, 종달새 옛말.

민물낚시

낚시 달인 못지않게 바구니 붕어 가득,

식탁 오른 매운탕 아내 솜씨 인기 높아

솔직히
잡는 재미도, 먹는 맛도 다 좋다

취미생활 틈새 벌어 바쁘게 지내다가

모처럼 매운탕집 알음알음 찾았으나

대번에
입맛 잃었다 다시 손맛 볼거나

호반의 풍경

청산을 품고 있는 고즈넉한
호반
낚싯대 드리우고 강태공 좌선하듯

산수가
어우러지다
그야말로 무아지경

물총새와
물고기 수초 사이 숨바꼭질
순진한 산짐승 오가며 목 축이고

원초의
태깔 그대로
천년 숨결 살아 있다

귀농의 길

시끄러운 세상 살아가기 힘들어
귀농하는
젊은이 용기 대단하다

드넓은 땅 정직하여
흘린 땀만큼 보답을

맨손으로
가는 길 황무지 낯선 곳
자연을 품에 안은 신토불이 농장

지극히
보배로운 땅 혼을 불어넣다

보배로운 자연

거창한 힘 겨루는
산과 계곡, 평야
자연스레 정 나누는
연못과 강, 호수

다양한
마음의 보금자리
대자연은 생명이다

올망졸망한 생물,
들쭉날쭉한 무생물
짓누르고
뒤덮으면 인간도 무너진다

자연이
베푸는 은혜
보답은 사랑으로

여백은
미완성의 장場
즉흥시 낙서하기
- 무제 2

제4부

빛 잃은 지난날

지금 다시

지금 다시
취미를 살릴 수만 있다면
자연을 사랑하는 화가가 되고 싶다
풍경화, 시 작품 곁들여 친환경 시화전

지금 다시
외국어 교사가 된다면
우리 교포 2세에게 모국어 일깨워
한글은 세계 최고 문자[1], 세종의 얼 계승을

지금 다시
이사 가면 도심 떠나 시골로,
산수 좋은 보금자리 고원지대 찾아
남은 생 과욕 버리고 안분지족 누리고자

---

1 세계 문자 올림픽 대회에서 한국어 금메달 획득.

극한 직업

생사를 초월하는 천차만별 직업
앞길 가로막는 어둠 빈부 차 뚜렷이,
힘든 일
등 돌리다 보니 손끝이 계면쩍다

굴곡 심한 막노동 노가다 신세타령
떳떳하게 일한 만큼 대우받기는 커녕
아뿔싸,
눈 깜짝할 사이 무너지는 운명이여

실제 어쩔 수 없이 고난의 험지로
무조건 할 수 있다
앞장서면 귀한 일,
정성껏 땀 흘린 보람 천금보다 값지다

빛 잃은 지난날

신분을 보장하는 인사 기록 카드
앞서가는 학력,
뒤따르는 경력

족보가
환히 드러난다
숱한 사연 속속들이

화려한
전성기 그저 빛을 잃은 채
수정할 수 없이 그대로 남은 과거

앞으로
이력서 없는 생
거울삼아 반성을

건강, 그 후

심신 미약 상태는
무거운 나이 탓
성인병 불러와 처방약 끼고 살다

서둘러
청정지역 떠나
대도시 연금된 탓

아침 운동
체조, 아령, 실내 자전거 타기
근육의 밧줄을 힘차게 끌어당긴다

노익장
엄동설한쯤은,
바야흐로 회춘하듯

거울 속의 나

꾀죄죄한 내 모습 완연 늙수그레,

보나마나 쪼글쪼글 주름살 범벅이

그보다
흑심 보일세라
후다닥 외면하다

달력 없는 세월

예쁘고
세련된 새해 달력 대신
거실의 달력은 글자 큰 것으로

그다지
많지 않은 날
앞다투어 다가온다

정신 오락가락하여 날짜조차 잊고
하루가 너무 길어 해찰하기 일쑤,

달력은
있으나마나
차라리 속 편하다

수난, 까치산[1]

아파트 병풍처럼 에두른 근린공원
까치 소리 사라지고
까치집만 동그마니,

가끔씩
진달래꽃 피어
옛정은 남아 있다

나뒹구는
잡목 몸살 앓고 있는데
사통팔달 이은 샛길 발길 줄느런히,

화근은
무자비한 공해,
먼 청산이 지켜본다

---

1 서울 관악구, 동작구 소재.

방안퉁수 신세

집에만 있으면 마음이 편해 좋다
불협화음
귀 막은 채 방구석 처박혀

나만의 즐거운 시간
생각하고, 글 쓰고

이웃과 단절한 비정상의 삶인들
바른 생각
길러 주는 유일한 안식처

세상을
밝혀주는 시詩 진통을 겪고 있다

자격 상실

우대받는 자랑스런 자격증 아니라도
평범한 나의 신분 국어교사 생명줄
마지막
교단 내려가다 더 이상 미련 없이

케케묵은 승용차 외제 차 비껴가며
수만 리 별일 없이 조심조심 나들이
기꺼이
면허증 반납 후진하여 뒤안길로

사고 예방 위한 위험물 취급 관리
고교 화학 전공 허울 좋은 부산물
과감히
폐기 처분하다 호적도 못 오르고

플라스틱 세상

시선 닿는 곳마다 다양한 형태 변신,
플라스틱 세상 편리하여 좋다

저렴한 대신 수명 길어
오히려 걱정부터

지구 질식시키는 독성 품은 먹이사슬
하찮은 비닐봉지 갈수록 즐겨 찾다

폐기물
별반 대책 없이 아수라장 골칫덩이

교통 신호등

문명과 동떨어진 조용한 시골길은
쉴 새 없이 가도 가도 푸른 신호등뿐
인생길 무사 안일하다 자유분방하고

도심 회오리바람 바쁜 몸 잡죄어

몇 발짝 가다 쉬고 짜증 나는 빨간불

생명선 교차로에서 기다리는 수밖에

대 이은 사진첩

세월 담은 추억 보따리 무더기로
가족사진 헤살헤살
귀중한 가보처럼,

대물림
태반 정리하다
나머지는 나와 함께

시국時局, 야단법석

공휴일 데모 심해 시끌시끌 난리통
각계각층,
각양각색 집회도 유행인가

평화를
누리기 위해
일어서는 저 함성

시국 혼란하여 질서 엉망진창으로
시위 · 농성 상한선,
정치 · 경제 하한선

탕평책
숨 고르는 비법
도움 손길 절박하다

나들목 분기점

일반도로,
고속도로 분기점 차 진출입로
입체적 교차로 거미줄처럼 얽힌

끔찍한
사고 다발 지역
천천히 갓길로

돌고 도는 나들목 생사 갈림길에서
정신 가다듬고 따라가는
이정표

생고생
방향감각 잃어
갈팡질팡 혼쭐나다

　　　　　　　　　　　　　　　　　　교단의 길 굽이굽이

기억의 정원[1]

3층 옥상
정원은 시골집 텃밭처럼
신선한 초록 물결 오밀조밀 키 자랑

토박이
농촌 태생인데
이름조차 까먹다니

고유한 먹거리 만져 보고,
향 헤집고
흙 속에 드러나는 정체 실명 찾았지만

무관심
잃어버린 기억
헛살아 부끄럽다

---

1 서울시 동작구 사당동 안심센터.

외면하는 길조

도심
비둘기 떼 아파트 베란다 살며
배설물 쏟아 내어 눈총 빗발치듯

평화의 새
명예 잃고
무리 지어 떠돌다

숲속만이 안식처 갈 곳은 청산인데
산골
마을보다 도시가 더 좋은가

간곡한
당부의 팻말
'먹이 주지 마세요'

바람, 또 바람

집 안의 합죽선,
선풍기,
에어컨

삼대가 자리 바꿔 힘자랑 과시해도

한바탕
솔바람 불면
무더위 시들먹하다

불꽃, 영원히

착한 심성,
굳은 신념, 올곧은 정신으로

열정 바쳐 이룩한 도시가스[1] 대동맥

뜨겁게 타오르는 섬광
눈부시게 도약하다

대도시
불기둥 뿌리내려 좋은 세상 이루고

홀연 소천하여 끝내 영생의 길로,

불멸의
정신 빛나는 뜨거운 친구 석아

---

1 전북 도시가스.

이상기후

폭염 이어 장마, 폭설 이어 한파까지
앞서거니 뒤서거니 엎치락덮치락

날씨가
엉망진창 먹방,
대기오염 주범이다

사계절 흐리멍덩 봄가을 건너뛰다
세차게 불어오는 소슬바람, 된바람

불어라,
솔솔바람 미풍
치맛자락 살랑살랑

몽당 빗자루

억새로 손수 만든 정성 어린 솜씨
진공청소기보다 온정이 새록새록,
말끔히
뒤치다꺼리 개운하게 쓸어 낸다

이사할 때 선물 받은 밑바닥 지킴이
닳아빠져 덩그러니 볼품사나워도
복 더미
끌어들인다 더 늦기 전 집 안으로

옥수수 전성기

새바람 불어오면 식생활 다변화
간식에서 끼니로,
끼니에서 간식으로

조금도
낯가림 없이 욕망을 채워 준다

치아 고르지 못해 옥수수 멀리하는
오복과
인연 없는 불행을 갖고 살면

겉으로
빛 좋은 쾌감, 부득이 입 다물다

그림자 실체

평생 보디가드처럼 더부살이 신세
흐린 날은 두문불출 존재감 없지만
못나서
숨어 사는 처지
털끝만큼 죄 없다

밝은 빛과 만남은 역차별 숙명인데
그림자 바라보는 불순한 음모론
그늘 속
불행 떠안은 채
꾸밈 없이 살아간다

교단의 길 굽이굽이

상아탑

오랜만에 찾은 늘 푸른 캠퍼스
4·19 그날의 함성 저 멀리 들려오는,
교훈[1]을 아로새기다
'의에 죽고 참에 살자'

문학의 길 더듬으며 굽어보는 한강
정든 얼굴 떠올라
그리움 불러 보고
겹겹이 아로새긴 추억 뭉텅 거머잡다

물결치는 청춘 가슴이 두근두근,
곤두세운 욕망 흰머리 부끄럽다
상아탑
우러러보며 떠올리는 교단시여

---

1 중앙 대학교.

제5부

교단을 오르며

교단의 길 굽이굽이

수많은 길 중에 가장 좋은 꽃길,
학교
천자만홍 황홀하여 벌과 나비 모여들다
마음의 꽃 피우고자 돌고 돌아 불모지로

휴식시간 교정에 모여 있는 학생들
학년별 끼리끼리,
학력 차 들쑥날쑥
계단을 오를수록 고비 관문은 진학이다

가르치기 쉽고도 어려운 교과 국어
광범위한 영역
말하기, 듣기, 읽기, 쓰기
섣불리 통째로 도맡다 문학, 고전까지

교단을 오르며

*체력 단련

바다와 더불어 젊음의 꿈을 노래
전남 고흥 영주 고등학교는 팔영산 정기 받아
남녀 학생들이 활달하고 학습 의욕이 왕성하여
의대와 교대도 더러 진학. 충실히 근무하다가
1년 3개월 만에 전북으로 전출하다.
아쉽다, 좋아하는 바다 뒤로하고 작별 인사.

주말이면

주말이면 사제동행 친선 축구대회
10대와 30대 각축 팽팽하다
여교사, 여학생 응원이 승패를 판가름

계절 따라 사제동행 팔영산[1] 등반하기
남녀 함께하는 체력 단련 극기훈련
맨 먼저 정상 정복은 대부분 내 몫이다

---

1 전남 고흥군 10경 중 으뜸. 608 미터.

*보금자리

연고 깊은 춘향골 금지 중학교 부임
김종인 교장은 고등학교 때 은사로 막중한 책임을.
연구주임 맡아 땀 흘리며 보답하다. 갑자기 남원
농업고등학교에서 스카우트 섭외. 학교장 합의 아래
1년 6개월 만에 전출을 결정.
정든 곳 미련 남긴 채 다음을 기약하다.

풍년맞이

교직원 한 식구 화목한 분위기
착실한 학생들도 말썽 없이 성실하다
황금 벌,
고리봉, 요천수 삼위일체 보금자리

자연 경관 가까이
생각하는 힘을 길러
사리판단 분명히, 문장력도 북돋우고
이윽고 교지 창간호 지혜를 겨루다

*심기일전

험난한 역경의 길 새 출발 다짐하다
전통을 자랑하는 남원 농업 고등학교는 실업
학교인데 축산과는 대학 진학과 공무원 취업
성적이 양호한 편. 문제는 검정고시 출신이고
유능한 국어 교사가 수업 거부받는 처지.
힘내어 거리감 좁히다 성실한 믿음으로.

화창한 4월 봄날 느닷없이 소용돌이
학생 동맹 수업 등교 거부, 중앙 신문 보도 기사로
학교가 벌집 쑤시듯. 1974년 선포한 유신 헌법 긴급
조치 9호 위반, 중앙정보부 조사 시작되자 공화석
교장 사표 제출했으나 수습을 전제로 사표 수리 보류
더 이상 망설일 수 없다 전교직원 혼연일체.

등교 중지 발단은 2학년 농업과
사소한 연유가 태풍을 몰고 온 것. 담임 교사의
위협적인 체벌과 지도 불만에서 피로가 쌓여 폭발
대내적 사건인데 시국적 비판을 받게 되어 대형
사건이 되고 말았다.
태권도 유단자 권유에 동조자가 태풍처럼.

교단의 길 굽이굽이

우선 시급한 일은 문제반 담임 교체
결국 내가 중책을 짊어지게 되었다. 문제 학생
집을 누차 방문하여 상담하고 나머지 학생들은
비상 연락망 통해 등교 완료. 주동 학생 크게
반성하여 타교로 전학 조용히 갈등을 잠재우고
학교의 명예 살리도록 심기일전 분발하다.

열심히 노력하면 결실은 풍요롭다
교사와 학생 합심하여 영농 시범 학교 운영.
큰 영광은 어려움을 이긴 공화석 교장이
전주 농업고등고 교장으로 영전하고 나 또한
전북의 별 교육감상을 받았다.
비로소 어둠 벗어나는 찬란한 빛이여.

문제 학생

평소 온순한데 젊은 피 욱 치밀어
그만 성깔 사납게 느닷없이 화풀이
한순간 그릇된 처사 불명예 탈을 쓰다

부드럽게 껴안으며 따뜻한 말 한마디
어깃장 사라지고 다시 찾은 미소여
두 주먹 움켜쥔 모습, 문제 학생 따로 없다

*기능 연마

더 큰 꿈을 안고 떠나는 장기 근속자
삼례 공업학교는 기계과와 전기과, 섬유과
주야간 27학급인데 전주와 익산 원거리 통학생이
많아 생활 지도상 각별히 신경 쓰는 실정. 수업은
야간부, 학교 매점을 맡다.
적성에 맞지 않아도 학교를 위해 봉사.

충실히 가르치며 공정하게 업무 처리
말썽 많은 학교 매점 담당 지원자가 더러 있는데
유재신 교장이 특별히 임명한 만큼 익히 새겨 잡음
없도록, 교사와 학생 사이 원만하게 처신해야 하는
난처한 입장 학생만을 생각하는 게 최선의 길.
원성을 벗어나고부터 자신감 앞서다.

낮에는 매점 관리 밤에는 수업하고
출자금을 처음 모금 결산 후 학생들에게 이득금
배당. 여상고 졸업생과 야간부 장학생을 채용하여
매출금 상한가. 학용품, 체육복, 음료 식품,
고가의 제도기까지 염가로 판매하다.
원거리 학생을 위해 식당 운영 추진

탁월한 학교 운영 화목한 분위기로
유재신 교장 도교육청에서 인정받아 전주 고등학교
교장을 거쳐 곧장 전북 교육감까지 승승장구.
소임을 완수한 나는 우수교사 교육감상 표창을 받았다.
장기 근속자 갈 곳은 산수 좋은 진안 고원지대,
고향 땅 흔적 남기고자 내신 신청을 하다

자원봉사

낮에는 봉사하고 밤에는 출근하고
때로는 헷갈리다 매점에서, 교단에서
신분이 복잡다단한 선생 아닌 선생

본업 떠나 부업은 학생을 위하는 일
가르치는 것만큼 도움 주는 일도 기쁨
교사의 사명감 고취, 헌신은 보람이다

*새 여인상

마이산 정기 받아 뜻 이루고자 귀향,
진안 여자 고등학교 부임. 박정애 여교장이
환대하여 의욕이 앞섰다. 지연, 혈연이 얽혀
어려울 때 있어도 오히려 매듭 푸는 일 쉽사리.
다행히 학생들이 순박하고 교사들도 솔선수범
애향심 몸과 마음 바쳐 구슬땀 흘리다.

학교 특색 사업으로 김삼의당 날 운영
여성의 바른 예절을 위해 다달이 삼의당을 기리는
날 행사. 삼의당은 남원에서 태어나 진안에 안주한
조선시대 문학의 대가이며 현모양처. 학교장이
자비로 시집을 출간하여 널리 홍보 감동을 받았다.
삼의당 부부의 사랑 본받을 수 있을까.

매월 김삼의당의 날 사제동행 생일 찾기
삼의당의 날 전교생이 한복 착용, 스승과 학생 생일
찾아주고 삼의당의 시 낭송, 최고 절정은 삼의당
뽑기. 매년 학생들이 직접 삼의당을 선출하여 다과와
가무 곁들이는 축하연, 꽃향기 화기애애하다.
제2의 김삼의당 탄생 어엿한 여인상이여.

교장 전보 인사, 차재영 은사 영접
청빈하기로 유명한 새 교장은 중학교 때 은사로
공적인 일도 사비 사용, 심지어 애국조회 시 갑자기
정년퇴임 인사로 마무리. 교무주임인 내 처지 고개
들 수 없는데 문교부 장관상까지 받아 면목 없다.
참교육 시범 보인 행실 깊이 새길 수밖에.

삼의당의 날

임 향한 애틋한 정 그리움 사무쳐
옷고름 동여매고 다소곳이 고개 숙여
조선의 여인상 기리는 긴 머리 처녀여

덕스러운 여성, 슬기로운 여성
부부 금실 본받고자 가르침 아로새겨
불 밝힌 김삼의당 날 고운 행실 돋보이네

*교육의 요람

전주 여고 전입, 1인 3역 분발
정규 주간 1학년 담임, 방송 통신고는 3학년 담임
산업체 학급은 야간 수업까지, 특별 수당을 받긴
해도 온정이 가는 것은 김순기 교장의 특별한 관심
때문. 방통고 가정주부 향학열에 감동을 받았다.
통신고 교지 '옥류' 발간, 줄기차게 뻗으리라

방통고 시범학교 일주일간 일본 연수
교육부 주관 실무자 현장시찰 일본 NHK 방송 주관
방송학교 견학. 학적부 업무로 3학년 담임을 4년
연임하여 해외 연수 출장을. 담징의 금당벽화를 찾은
감회와 태극 깃발 휘날리며 후지산 등반 인상적.
자작시 일본 풍물을 교지에 발표하다.

배움의 길 산 넘어 산 넘어지면 일어서고,
직장 여성이 많은 것은 승진 점수 반영되고
또한 보건 전문대 진학을 위해 휴일을 반환,
익산시 시의원과 김미자 시인은 졸업 후
두드러지게 활동하여 교지에 홍보 특집으로,
새출발 다짐하는 봄날 은행나무 품에 안다.

교목, 은행나무

사이좋게 나란히 거목으로 성장하여
영란꽃[1] 지키는 교정의 파수꾼
팔순의 전통을 이어 황금빛 눈부시다

위안과 희망을 품고 아로새긴 장수비결
시상 떠올리며 멋지게 사진 속으로
책갈피 간직한 은행잎 소중한 추억이여

---

1 전주여고 교화.

*지평선 저녁노을

김만금 황금평야 마음부터 풍요롭다
곡창지대 김제고등학교에서 풍년 기원
국회의원과 장관을 배출한 명문고인데
남녀 공학으로 최근 사립학교와 경쟁.
진학지도에 혼신의 힘을 다하다.
전통을 살리기 위해 문예활동 꾸준히.

장기 근속 원로교사 한직으로 우대
김현준 교장의 배려로 상담실 배정, 도교육청
주관 금강산 탐방 후 기행 시조 문학 잡지에
소개. 학교신문 계속 발행하고 교지 창간호
권두시에 '혼불' 뒤늦게 발표하다.
이윽고 정년 마무리 옥조 근정 훈장으로.

마지막 수업

문과 3학년 교실 칠판에 쓴 큰 글씨
'보다 푸른 내일 위해'
책 없이 인생 수업
제자의 빛나는 눈동자 어찌 외면하랴

수업 끝 종소리 설렘과 아쉬움뿐
목각 편지함 속에 학생들의 기념 선물
수많은
예쁜 종이학이 기다리고 있다

'날아가지 못하는 새'
내 첫 시집 답례로,
교문을 벗어나도 아직 할 일 남았다
서둘러 못다 이룬 꿈 교단 시 이어 가기

혼불

교지 창간호에 부쳐

징개맹갱 외에밋들[1] 깊숙이 뿌리하고
모악산 정기 받아 꿈꾸듯 타는 불꽃
지혜로 가슴 적시며 뜨겁게 비는 소망

바람의 뒤편에 조용히 물러앉아
시린 손 거머잡아 아픈 세월 삭히며
크나큰 기쁨을 위해 거듭나는 몸부림

알림의 봉화처럼 선명하지 못하여도,
만남의 성화처럼 화려하지 못하여도
마음을 울리는 꽃빛 혼신의 사랑으로

스스로 몸을 살라 어둠을 훌훌 벗고
고운 빛 되살리며 여명의 나래를 펴
온 누리 눈뜨게 하는 생명의 빛이여

---

1 방언. 김제 만경 드넓은 들.

교단 여적餘滴

*작별 인사

욕심부리지 않고 멋지고 성실하게 사시는
선생님 모습이 저에게 큰 힘이 되었습니다
왕성한 작품 활동과 좋은 시 기대합니다

— 김제고 이선심 교사

아쉬운 마음 표현할 수 없습니다
직장 생활하면서 선생님 같은 마음가짐과
행동을 해야겠다고 생각한 적 많았습니다

— 김제고 이재홍 교사

*화답 시

겸손한 마음으로 받아들이는 감사
변함없는 성원 평생 잊지 못해
미약한 힘 보태리라 한 줄기 빛 끝까지

교단 이모저모

*소망

학교 노력중점 특별활동 교지 발간
교사와 학생의 손길 다정다감
참모습 자랑스럽다 계속 이어갔으면

*문제아

문제 학생 각성하여 인생 역전 성공
학교 성적만이 일등급 아니다
사랑은 최고의 상장 재능을 드높이는

*청소년

10대는 민감하여 기성세대 정반대
호기심 부풀수록 엉뚱하고 대담하다
색다른 사적 동아리 선 넘을가 조마조마

*시종소리

뗑그렁, 뗑그렁 종소리 깊은 여운
띵동뎅, 띵동뎅 벨소리 격한 파문
오늘 날 AI시대 맞이 이심전심 기대를

*급훈

교훈 우러러보며 되돌아보는 급훈
'시작과 끝 한결같이, 진실한 삶 뿌리 깊이'
내 자신 실천하지 못해 가르침 빛바래다

*빈 좌석

새 학기 무단결석 빈자리 사나흘,
따사로운 햇살 이름자 밝혀주는데
기다림 이제나저제나, 무소식 저물다

*수업시간

한여름 문학시간 빗나가는 질문
외면할 수 없는 첫사랑 불붙이기
사랑은 잘 모르지만 쉽게 졸음 깨우다

*시험시간

그토록 목 아프게 진심을 심었는데
양심을 지우며 슬금슬금 엿보다
헛기침, 주의 경고는 진단 평가 처방책

*휴식시간

고3 교실 팔씨름 최강자와 사제 결전
기계체조 도움으로 승리한 나의 충고,
공부는 체력이 뒷받침 더 멀리 뛰어라

*정상화

크고 작은 학교마다 웃음소리 사라지고
약삭빠른 출세욕 훌쩍 계단 뛰어넘어
정상화, 고운 심성 길러 교향의 봄 노래하기

*교권 수호

치맛자락 너도나도 사욕을 앞세우고
핫바지 기氣 세워 당당히 으름장
신성한 교단은 추락, 더 물러설 수 없다

*꽃소식

학교 자율화 바람 교문 활짝 열어
무너지는 교단 설 자리 비좁아
꽃소식 여태 목마르다 호시절 까마득히

*그때 학창시절

교복, 모자, 책가방은 학생의 전용물
건강한 몸 말썽 없이 흑백시대 보증수표
오늘날 컬러시대보다 흥미진진 미덥다

*청출어람

손때 묻은 출석부 몇몇 이름 떠올라
남달리 툭 띄어 장차 큰 인물 기대
희소식 대기만성 축배, 떳떳한 보람이여

*폐교

봄바람 머무는 잡초뿐인 빈 교정
여기저기 숨결 남아 그리움 일렁이다
전통을 지키는 교문, 기다림 끝까지

*사진첩

수십 권 사진첩은 교단 장편 영화
우여곡절 끝에 갈등 위기 무난히,
평범한 무명의 주인공 대단원 막 내리다

*정년 퇴직

갈수록 외로운 길 한 발 벗어나지 않고
삼십여 년 몸을 바친 국어사랑, 나라사랑
마침내 정년 마무리 고개 들 수 없다

*회고록

시련을 극복한 어느 날 일기초
춘하추동 건너뛰고 희노애락 맞물리다
시조로 엮은 회고록,

'교단의 길 굽이굽이'

교단의 길 굽이굽이

ⓒ 박부산, 2025

초판 1쇄 발행 2025년 11월 10일

지은이   박부산
펴낸이   이기봉
편집   좋은땅 편집팀
펴낸곳   도서출판 좋은땅
주소   서울특별시 마포구 양화로12길 26 지월드빌딩 (서교동 395-7)
전화   02)374-8616~7
팩스   02)374-8614
이메일   gworldbook@naver.com
홈페이지   www.g-world.co.kr

ISBN   979-11-388-4914-2 (03810)

- 가격은 뒤표지에 있습니다.
- 이 책은 저작권법에 의하여 보호를 받는 저작물이므로 무단 전재와 복제를 금합니다.
- 파본은 구입하신 서점에서 교환해 드립니다.